BEI GRIN MACHT SICH IHR WISSEN BEZAHLT

Seraphine Leonhard

Das neue Design Berlins – Eine kritische Betrachtung des Mediaspree Projektes

GRIN Verlag

Bibliografische Information der Deutschen Nationalbibliothek:

Die Deutsche Bibliothek verzeichnet diese Publikation in der Deutschen National-
bibliografie; detaillierte bibliografische Daten sind im Internet über http://dnb.d-
nb.de/ abrufbar.

Dieses Werk sowie alle darin enthaltenen einzelnen Beiträge und Abbildungen
sind urheberrechtlich geschützt. Jede Verwertung, die nicht ausdrücklich vom
Urheberrechtsschutz zugelassen ist, bedarf der vorherigen Zustimmung des Verla-
ges. Das gilt insbesondere für Vervielfältigungen, Bearbeitungen, Übersetzungen,
Mikroverfilmungen, Auswertungen durch Datenbanken und für die Einspeicherung
und Verarbeitung in elektronische Systeme. Alle Rechte, auch die des auszugsweisen
Nachdrucks, der fotomechanischen Wiedergabe (einschließlich Mikrokopie) sowie
der Auswertung durch Datenbanken oder ähnliche Einrichtungen, vorbehalten.

Impressum:

Copyright © 2012 GRIN Verlag GmbH
Druck und Bindung: Books on Demand GmbH, Norderstedt Germany
ISBN: 978-3-656-41193-2

Dieses Buch bei GRIN:

http://www.grin.com/de/e-book/212749/das-neue-design-berlins-eine-kritische-
betrachtung-des-mediaspree-projektes

GRIN - Your knowledge has value

Der GRIN Verlag publiziert seit 1998 wissenschaftliche Arbeiten von Studenten, Hochschullehrern und anderen Akademikern als eBook und gedrucktes Buch. Die Verlagswebsite www.grin.com ist die ideale Plattform zur Veröffentlichung von Hausarbeiten, Abschlussarbeiten, wissenschaftlichen Aufsätzen, Dissertationen und Fachbüchern.

Besuchen Sie uns im Internet:

http://www.grin.com/

http://www.facebook.com/grincom

http://www.twitter.com/grin_com

Hochschule für Technik und Wirtschaft Berlin

Hausarbeit

Thema:

Das neue Design Berlins –

Eine kritische Betrachtung des Mediaspree Projektes

Vorgelegt von: Seraphine Leonhard

Studiengang: Immobilienwirtschaft, B.A.

Datum: 08.05.2012

Inhaltsverzeichnis

1. Einleitung und Einordnung der Thematik in den Kontext ‚Design'

Obgleich der Begriff ‚Design' oftmals im Zusammenhang mit Produktdesign, Kommunikationsdesign oder Corporate Design betrachtet wird, steckt hinter seiner Ursprungsbedeutung ein viel profanerer Hintergrund.

Das Design als „Prozess des bewussten Gestaltens"[1] richtet sich stets nach dem Menschen und nach seinen Bedürfnissen, die unterschiedlichster Art sein können. Es setzt sich mit den Interessen derjenigen Menschen auseinander, denen das Design am Ende dienen soll. Das heißt, Design wird immer von einer Zweckorientierung, also einer Funktionalität geführt.[2]

Unter diesem Aspekt soll nun das Thema der Entwicklung Berlins im Bezug auf das neue ‚Design' des Spreeufers beleuchtet werden. Es stellt sich hier nämlich eben diese Frage: Wem dient das Projekt Mediaspree und wem sollte es eigentlich dienen?

In diesem Zusammenhang soll zunächst ein Überblick über die relevanten Geschehnisse diesbezüglich gegeben werden, um darauf aufbauend das Projekt Mediaspree vorzustellen und zu erläutern, warum die vom Designbegriff thematisierte Frage nach menschlichen Bedürfnissen und gegensätzlichen Entscheidungen und Funktionalitäten hier so eine große Rolle spielt.

---

[1] Unbekannt: Design. http://de.wikipedia.org/wiki/Design (07.05.2012).
[2] Vgl. Unbekannt: Design. http://de.wikipedia.org/wiki/Design (07.05.2012).

2

2. Historischer Abriss der Geschehnisse rund um das Mediaspree Projekt

Die Planungen zum umstrittenen Mammutprojekt Mediaspree (siehe Abb. 1) entstammen zu großen Teilen noch aus den 90er Jahren, aufgrund der damaligen wirtschaftlichen Defizite wurde ein Großteil der Vorhaben jedoch vorerst eingefroren.

Seit dem Mauerfall haben sich unzählige Clubs, Bars und kulturelle Einrichtungen im Spreeraum eingefunden, die einen großen Teil zum internationalen Ruf Berlins als kulturell vielfältige und kreative Metropole beigetragen haben und noch immer beitragen.

Abb. 1: Modell Mediaspree [3]

Viele dieser Institutionen haben trotzdem bis heute keine langfristigen Mietverträge mit den Grundstückseigentümern abschließen können und werden als Zwischennutzer nur so lange geduldet, bis ein potenzieller Käufer sein Interesse am Grundstück äußert.[4]

Bis zu den Anfängen der 2000er Jahre hat sich bautechnisch wenig getan auf der Ostseite der Spree, im Überfluss vorhanden waren lediglich unzählige Bauvoranfragen und Baugenehmigungen. Aus Gründen einer übersichtlicheren und verbesserten Vermarktung der Vorhaben an der Spree wurde im Jahre 2002 die Interessengemeinschaft Mediaspree GmbH gegründet, die sich aus Entwicklern, Investoren und Grundstückseigentümern zusammen setzte. Vorrangiges Ziel dieser war es, Investoren für das ca. 180ha große Gebiet zu werben, das sich auf 3,7km Uferfläche auf beiden Seiten der Spree in Friedrichshain-Kreuzberg erstreckt. Hier soll einerseits ein Standort für neue Medien, Unterhaltung, Freizeit, Kunst und Grünflächen entstehen, andererseits sind aber auch Hotels, Einzelhandel und Wohnungen geplant (siehe Abb. 2).

---

[3] Kaiserin des Westens: Mediaspree und der neoliberale Stadtumbau. http://www.abriss-berlin.de/blog/2007/01/26/mediaspree-und-der-neoliberale-stadtumbau/ (08.05.2012).
[4] Vgl. Hofmann, Dipl.-Ing. Arch. Aljoscha: Mediaspree versus Spreeufer für Alle! – eine Bilanz. http://www.de-cn.net/dis/sdz/de6053658.htm (07.05.2012).

Abb. 2: Spreekarte mit eingezeichneten Bestands-
gebäuden und Neubauvorhaben durch Mediaspree [5]

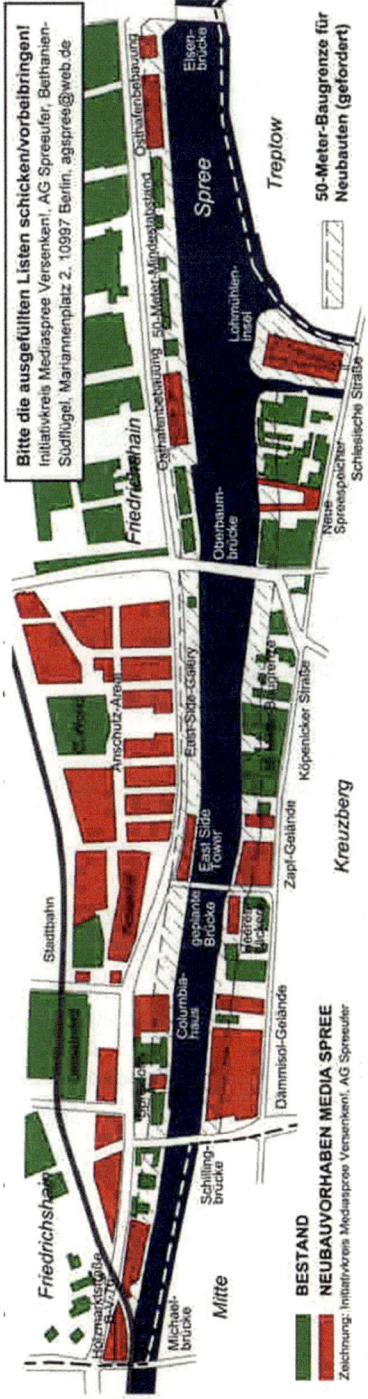

[5] Initiativkreis Mediaspree versenken!, AG Spreeufer:
Spreeufer für alle. http://www.spreeufer-fuer-alle.de/
(08.05.2012).

Das bisher größte Vorhaben, das Ende 2008 bereits umgesetzt wurde, ist die O2-World, die als Veranstaltungshalle rund 17.000 Besuchern Platz bietet.

Im Jahre 2005 wurde dann aus der Mediaspree GmbH das wesentlich professioneller arbeitende Regionalmanagement Mediaspree e.V., das drei Jahre lang mit 300.000 Euro aus öffentlichen Mitteln gefördert wurde. Mitglied konnte hier nur noch werden, wer ein Grundstück im Spreeraum besitzt oder aber Mieter bzw. Pächter eines solchen ist, also lediglich Investoren und große Konzerne.

Eine Internetpräsenz und das Magazin mediaspree – Ankerplatz Zukunft wurden ins Leben gerufen, um das Werben um die internationalen Investoren voran zu treiben.

Groteskerweise wurde hier auch seit jeher mit Berlins individueller Club- und Kulturszene geworben, die heute nach und nach durch eben jenes Projekt dem Erdboden gleich gemacht wird.[6]

Landeseigene Betriebe wie die BSR und BEHALA verkauften ihre Grundstücke aus der öffentlichen Hand an die Mitglieder des Mediaspree e.V.. Der Bezirk Friedrichshain-Kreuzberg zog sich zurück aus der Verantwortung und überließ lediglich als Partner des Vereins diesem wichtige Aufgaben, die eigentlich nicht in privatwirtschaftliche Hände gegeben werden sollten.[7]

Nachdem bis 2005 eher weniger Proteste gegen die geplante Bebauung des Spreeufers zu vernehmen waren, wurde 2006 der Initiativkreis ‚Mediaspree Versenken!‘ ins Leben gerufen.

Spätestens nach der Veröffentlichung von Luftbildvisualisierungen der Bauvorhaben ging ein Ruck durch die Berliner Bevölkerung und Empörung machte sich breit.

Mit Hilfe dieser konnte die Initiative Mediaspree Versenken! in den darauf folgenden fünf Monaten ganze 16.000 Stimmen von Berliner Bürgerinnen und Bürgern sammeln, die sich für ein Bürgerbegehren aussprachen.

---

[6] Vgl. Hofmann, Dipl.-Ing. Arch. Aljoscha: Mediaspree versus Spreeufer für Alle! – eine Bilanz. http://www.de-cn.net/dis/sdz/de6053658.htm (07.05.2012).
[7] Vgl. Initiativkreis Mediaspree versenken!: Projekt Mediaspree. www.ms-versenken.org (07.05.2012).

Dies bildete die Grundlage für einen erfolgreichen Bürgerentscheid im Sommer 2008, bei dem in einer Art Volksabstimmung 87% der Wählenden gegen die geplante Bebauung stimmten.

Sie forderten einen Mindestabstand von 50m zum Ufer, geltend für jeden Neubau an der Spree. Weiterhin sollte die Berliner Traufhöhe von 22m eingehalten und ein Fußgänger- und Fahrradsteg anstelle der geplanten Straßenbrücke gebaut werden (siehe Abb. 3).

Abb. 3: Werbeplakat der Berliner Alternative für Solidarität & Gegenwehr (BASG) für die Volksabstimmung am 13.07.2008[8]

Die Abstimmung hatte zwar lediglich empfehlenden Charakter, trotzdem waren nun viele der Planungen, insbesondere die der Hochhäuser, offiziell unter Kritik geraten und die zuständige Bezirksregierung kam nicht mehr drum herum, sich mit dieser Kritik auseinanderzusetzen.

Drei Tage später wurde deshalb von der Bezirksverordnetenversammlung (BVV) ein Bezirksverordnetenversammlungs-Sonderausschuss Spreeraum eingesetzt, dem Abgeordnete der BVV und vier entsandte Bürger aus der Initiative Mediaspree versenken! beiwohnen sollten, um die Umsetzung des Bürgerentscheids zu diskutieren. Trotz dem die Investoren zu Beginn der Diskussionen dem Sonderausschuss ablehnend gegenüber standen, da sie hier kein Stimmrecht erhalten hatten, starteten im Herbst 2008 die Verhandlungen und Sitzungen der Sonderausschusses, in dem die Grundstücke und Planungen am Spreeufer besprochen wurden.

---

[8] Berliner Alternative für Solidarität & Gegenwehr: Spreeufer für alle!. http://www.b-asg.de/tag/mediaspree/ (08.05.2012).

Im Zuge dieser Besprechungen ging jedoch der Entwicklungsprozess auf den projektierten Grundstücken voran. Teilweise wurde mit dem Bau bereits begonnen, anderorts wurden weiterhin die noch freien Grundstücke verkauft. Den anfangs erwähnten Zwischennutzern wie einigen der Strandbars und –clubs wurde der Mietvertrag gekündigt, obwohl noch nicht annähernd abzusehen war, wann der Bau auf den jeweiligen Grundstücken beginnen würde und teilweise noch nicht einmal ein Käufer gefunden war. Zur selben Zeit entstanden innerhalb des Initiativkreises strategiebezogene Auseinandersetzungen. Ende 2009 trat die Initiative dann aufgrund der weitestgehend ausbleibenden Erfolge aus dem Sonderausschuss aus, womit die einzige noch neutrale Diskussionsebene verloren war.[9]

3. Das Konzept ‚Mediaspree'

Beide Seiten des Spreeufers sollen zu großen Teilen mit riesigen Büroblöcken und Hochhäusern bebaut werden. Neben Büroflächen, deren Bedarf von Kritikern stark angezweifelt wird, wird teurer und damit nur wenigen Menschen zu Verfügung stehender Wohnraum entstehen. Desweiteren sind Unterhaltungsmöglichkeiten geplant und einige große Shopping Center. Dazwischen sollen sogenannte ‚Pocket Parks' das einst der gesamten Bevölkerung zugänglich gewesene Spreeufer ersetzen. Ein vom Bezirksamt genehmigter ‚Uferwanderweg' für die Öffentlichkeit wird sich präsentieren als fast komplett bebaute und in privater Hand befindliche Uferfläche, die mit einem öffentlichen Wegerecht belastet ist, also nur eingeschränkt und überwacht zu Verfügung steht.

Auch beim Thema Mietpreise in Berlin wird das Projekt sehr kontrovers diskutiert. Durch die vorgesehene Aufwertung in diesem Gebiet werden die Mietpreise in der Umgebung eine starke Erhöhung erfahren und somit im Zuge der Berliner Gentrifizierung ein weiteres Mal alteingesessene Bewohner und Bewohnerinnen vertreiben, um Platz zu schaffen für Zugezogene die gegenwärtig in Berlin so gern gesehenen ‚Yuppies' .

---

[9] Vgl. Hofmann, Dipl.-Ing. Arch. Aljoscha: Mediaspree versus Spreeufer für Alle! – eine Bilanz. http://www.de-cn.net/dis/sdz/de6053658.htm (07.05.2012).

Von Kreativität und Kultur wird also nicht mehr viel übrig bleiben im neuen ‚Design'
der Berliner Spree. International geschätzte Treffs wie die Bar25, das Yaam und das
besetzte Haus Köpi mussten zum Teil bereits den Betonklötzern weichen oder
werden es noch. [10]

Auch in ökologischer Hinsicht verspricht das Mediaspree Projekt
Verschlechterungen. Grünflächen werden zubetoniert, ökologische Nischen zerstört
und der durch den Hochhausbau behinderte Grundwasserabfluss führt zu einem
dramatischen Anstieg des Grundwasserpegels in der Umgebung.

Der Baubeschluss der neuen ‚Brommybrücke' als Verlängerung der Eisenbahnstraße
durch den BVV erntet als weiterer Planungspunkt der Mediaspree viel Kritik und
Sorge um das dadurch maßgeblich erhöhte Verkehrsaufkommen in den umgebenen
Wohnstraßen und Kiezen.

Auch der oft im Zusammenhang mit Neubauprojekten diesen Ausmaßes genannte
Vorteil von neu geschaffenen Arbeitsplätzen entpuppte sich in diesem Fall als
Fehlschlag. Wo einst 30.000 neue Arbeitsplätze versprochen wurden, macht sich
heute ein großes Fragezeichen breit. Der Mediaspree Verein selbst stellte diese Zahl
bereits als Fehlannahme dar. Abgesehen davon, dass es diesbezüglich um die
Schaffung von Medianarbeitsplätzen im gesamten Berliner Raum handelte,
entstehen viele dieser nicht neu, sondern die Arbeitskräfte der einzelnen
Unternehmen ziehen lediglich um an die Spree, insbesondere die hoch qualifizierten.
Da die Realisierung vieler der Planungen noch lange nicht in Sichtweite ist, kann
auch kaum eine ernstzunehmende Zahl neu geschaffener Arbeitsplätze
prognostiziert werden. Viele der Arbeitsplätze, die tatsächlich bisher geschaffen
wurden, bringen zudem eine eher mangelhafte Bilanz bezüglich Entlohnung und
Arbeitsbedingungen mit sich. [11]

---

[10] Vgl. Initiativkreis Mediaspree versenken!: Projekt Mediaspree. www.ms-versenken.org (07.05.2012).
[11] Vgl. Initiativkreis Mediaspree versenken!: Projekt Mediaspree. www.ms-versenken.org (07.05.2012).

4. Fazit und Mediaspree heute

Das Fazit des Projektes Mediaspree und seiner Kritik sieht vorerst so aus, dass im Sinne der Bürgerinnen und Bürger nur relativ wenig erreicht werden konnte. Trotzdem waren Schritte wie der Sonderausschuss nicht umsonst, da nur so auf die Bezirksverwaltung der öffentlicher Druck ausgeübt werden konnte, der nötig war, um den Investoren Zugeständnisse aufzwingen zu können. Von den Planungen für ein Hochhaus im Osthafen sowie dem Wiederaufbau der Brommybrücke als Straßenbrücke wurde abgerückt und Leitlinien für das Kreuzberger Spreeufer wurden aufgestellt.[12] Mit der Unterzeichnung einer Nutzungsvereinbarung diesbezüglich durch den Bezirksbürgermeister und dem Geschäftsführer der BEHALA, Eigentümerin des Grundstückes in der Köpenicker Str. 20/21, wurde am 22.12.2010 die Bereitstellung eines durchschnittlich 20m breiten, öffentlich nutzbaren Uferstreifens durch die Grundstückseigentümerin festgelegt. Diese 320m Uferfläche sollen laut Bezirksbürgermeister jedoch nur der Anfang einer langfristig geplanten, 1,5km langen Uferpromenade sein, die sich zum Teil auch auf Stege über das Wasser erstreckt und eine Verbindung zwischen Schillingbrücke und Cuvrystraße herstellt.[13]

Fast zwei Jahre lang stand das Projekt Mediaspree nun still. Seit diesem Jahr ist diese Krise jedoch scheinbar beendet und unzählige Investoren zieht es wieder ans Spreeufer. Teilweise wird sogar schon seit Monaten gebaut, so wie auf dem ehemalig von der Bar 25 gemieteten Grundstück der BSR. Nachdem es eine lange Zeit als unverkäuflich gehandelt wurde, gibt es nun plötzlich mehrere Investoren, die hier Büros, Wohnungen und ein Hotel realisieren wollen.

Auf dem 29ha großen Grundstück rund um die O2 World finden bereits Baumaßnahmen statt, geplant ist ein Einkaufscenter mit einer Bruttogeschossfläche von 65.000m² (siehe Abb. 4, rot markiert).

---

[12] Vgl. Hofmann, Dipl.-Ing. Arch. Aljoscha: Mediaspree versus Spreeufer für Alle! – eine Bilanz. http://www.de-cn.net/dis/sdz/de6053658.htm (07.05.2012).
[13] Vgl. Hoppe, R.: Einigung über Uferstreifen. http://www.kreuzberg-spreeufer.de/einigung-ber-uferstreifen/ (07.05.2012).

Abb. 4: Neue Shoppingwelt am Osthafen [14]

Das Grundstück westlich der Großhalle wurde 2011 von Mercedes Benz gekauft, die bis 2013 ihre neue, 50m hohe Zentrale hier errichten wollen. Ebenfalls im letzten Jahr wurde das Grundstück östlich der Arena gekauft, auf dem 2013 mit dem Bau eines siebenteiligen Hotel- und Büro-Campus begonnen werden soll. An der Stralauer Allee / Ecke Lehmbruckstraße wurde Ende letzten Jahres bereits ein betonklotzartiger Neubau fertig gestellt. In der Oberbaum City wird ein Wohnviertel mit Eigentumswohnungen entstehen, verteilt auf 14 Häuser.[15] [16]

Es ist also unverkennbar, dass das Thema Mediaspree wieder höchst aktuell ist und der Ausverkauf Berlins seinen Lauf nimmt. Wir dürfen gespannt sein, welches Bild Berlins uns in zehn Jahren entgegenblickt, wie viele ‚Urberliner' der Gentrifizierung stand halten konnten und wie viel Kreativität und Kultur Berlin dann noch zu bieten hat.

---

[14] Spangenberg, Christoph u. Ralf Schönball: Mediaspree-Gegner versenken sich selbst. http://www.tagesspiegel.de/berlin/vorwurf-der-veruntreuung-mediaspree-gegner-versenken-sich-selbst/6309450.html (08.05.2012).
[15] Vgl. Schmidl, Karin: Mediaspree-Investoren machen ernst. http://www.berliner-zeitung.de/berlin/spreeufer-umbau-mediaspree-investoren-machen-ernst,10809148,11377860,item,1.html (07.05.2012).
[16] Vgl. Spangenberg, Christoph u. Ralf Schönball: Mediaspree-Gegner versenken sich selbst. http://www.tagesspiegel.de/berlin/vorwurf-der-veruntreuung-mediaspree-gegner-versenken-sich-selbst/6309450.html (08.05.2012).

Quellenverzeichnis

Berliner Alternative für Solidarität & Gegenwehr: Spreeufer für alle!. http://www.b-asg.de/tag/mediaspree/ (08.05.2012).

Hofmann, Dipl.-Ing. Arch. Aljoscha: Mediaspree versus Spreeufer für Alle! – eine Bilanz. http://www.de-cn.net/dis/sdz/de6053658.htm (07.05.2012).

Hoppe, R.: Einigung über Uferstreifen. http://www.kreuzberg-spreeufer.de/einigung-ber-uferstreifen/ (07.05.2012)

Initiativkreis Mediaspree versenken!: Projekt Mediaspree. www.ms-versenken.org (07.05.2012).

Initiativkreis Mediaspree versenken!, AG Spreeufer: Spreeufer für alle. http://www.spreeufer-fuer-alle.de/ (08.05.2012).

Kaiserin des Westens: Mediaspree und der neoliberale Stadtumbau. http://www.abriss-berlin.de/blog/2007/01/26/mediaspree-und-der-neoliberale-stadtumbau/ (08.05.2012).

Schmidl, Karin: Mediaspree-Investoren machen ernst. http://www.berliner-zeitung.de/berlin/spreeufer-umbau-mediaspree-investoren-machen-ernst,10809148,11377860,item,1.html (07.05.2012).

Spangenberg, Christoph u. Ralf Schönball: Mediaspree-Gegner versenken sich selbst. http://www.tagesspiegel.de/berlin/vorwurf-der-veruntreuung-mediaspree-gegner-versenken-sich-selbst/6309450.html (08.05.2012).

Unbekannt: Design. http://de.wikipedia.org/wiki/Design (07.05.2012).